AF357233

PLAN DE COLONISATION.

TITRE PREMIER.

Opérations préliminaires.

De la Commission.

1. Une Commission de deux membres, à laquelle sera adjoint un nombre déterminé d'ouvriers choisis, partira pour le Texas, dans le courant du mois de mars prochain. Elle sera composée d'un *géologue-géomètre* et *chef de culture* à la fois, et d'un *Architecte*. Arrivés à Galveston, les membres de la Commission y trouveront le fondateur de la Société qui les aura précédés et qui deviendra, de droit, président de ladite Commission.

2. Cette Commission s'occupera, sans délai, du choix des *cent mille acres de terre* accordés, au nom du gouvernement du Texas à M. Snider-Pellegrini, par M. le général Hamilton, envoyé extraordinaire de ce pays, chargé de pleins pouvoirs. Elle en fixera l'assiette, et en déterminera les limites, de concert avec le représentant ou commissaire spécial du gouvernement texien.

3. Avant de fixer définitivement son choix, la Commission devra parcourir le pays situé entre la *Rivière Rouge* et *Washington*, notamment le long du *Rio-Brazos*, des fleuves *Colorado*, *Guadalupe* et *Trinidad*. C'est sur un de ces points que la colonisation doit être portée de préférence, afin de diminuer les frais de transport des récoltes et des marchandises. Un dixième au moins des terrains

choisis devra être en forêts, afin de trouver sur les lieux le bois nécessaire aux constructions et aux autres besoins de la Compagnie et des Colons.

4. Ainsi que M. Snider-Pellegrini s'en est réservé le droit, on pourra faire tomber le choix des terres, pour tout ou partie seulement, sur des propriétés particulières, pourvu que la qualité de ces terrains soit supérieure, et leur situation plus avantageuse, et pourvu aussi, qu'en général, leur prix soit égal à celui porté dans l'engagement Hamilton (7 fr. 50 c. l'acre).

5. La Commission fera choix, en sus des cent mille acres acquis, de *cinquante mille* autres acres destinés, en majeure partie, à devenir la propriété de Colons capitalistes. Ce terrain réunira toutes les conditions exigées pour les terres de la Compagnie.

6. La Commission ne doit pas perdre un seul instant de vue que l'objet principal de sa mission consiste à fixer le siége des opérations agricoles de la Compagnie, sur le point le plus *fertile*, le plus *salubre* et le plus *favorable* à l'écoulement économique des produits, et que, pour fixer ce siége, chacun des membres qui la composent doit apporter le tribut de ses connaissances spéciales.

Du Président de la Commission.

7. Le premier soin du président de la Commission, aussitôt l'arrivée de celle-ci au Texas, sera d'accompagner, ou au cas d'empêchement, de faire accompagner le géologue et l'architecte dans les divers voyages nécessaires, pour fixer, d'une manière éclairée, le choix des terrains. Ce choix

effectué, il fera dresser, par le géologue, le plan ou les plans topographiques des lieux choisis, et il se fera délivrer, par le gouvernement ou par les particuliers, selon que le choix sera tombé sur des terres publiques ou privées, des titres de propriété, conformes aux plans dressés; de telle sorte que toute difficulté sur l'assiette et sur les limites des propriétés de la Compagnie, devienne impossible. Copie de ce plan dûment certifiée et légalisée restera annexée à la minute du titre ou des titres de vente.

8. Si la Société se constitue, conformément à l'art. 6, § 12 des Statuts, avant l'émission des *eent* titres qui composent le capital social jugé nécessaire pour la colonisation et la mise en rapport des *cent mille acres* de terres achetés, le président de la Commission aura le soin de faire stipuler, dans l'acte définitif de vente, en tant que cette acquisition aurait été faite au gouvernement, que sur la totalité des terres acquises il ne prend possession, pour le moment, que d'autant de mille acres qu'il y aura de titres émis, sauf à étendre cette prise de possession, à mesure que de nouveaux titres seront émis, savoir : mille acres par titre émis. Il sera, en outre, autant que possible, stipulé, dans le même acte, que le gouvernement du Texas s'interdit expressément d'aliéner en faveur de tiers, et ce, pendant le délai de cinq ans, à partir de la date de l'acte, les terres attenantes à celles livrées à la Compagnie, soit que ces terres, non encore utilisées par cette dernière, se trouvent faire partie des *cent mille acres* vendus, soit qu'elles ne soient pas comprises dans la vente susdite. Cette interdiction comprendra, quant à ces dernières terres,

jusqu'à concurrence d'une étendue de *cent mille autres acres*, que le gouvernement texien prendra l'engagement de vendre à la même Compagnie, au prix de la première acquisition, s'il en est requis, pendant lesdites cinq années.

9. Le président de la Commission veillera aussi à ce que le plan soit dressé avec toute l'exactitude possible; à ce que le choix des terres soit fait conformément aux vues de la Compagnie; à ce que le choix du point, pour l'édification de Sniderton, réunisse toutes les conditions voulues. Il entretiendra, de plus, avec la direction générale, une correspondance aussi active que possible, pour tenir la Compagnie au courant de ses opérations et de celles de la Commission.

10. Dès qu'il en sera possesseur, le fondateur de la Compagnie enverra à Paris, par deux voies différentes, le titre ou les titres de propriété en bonne forme, ainsi que les plans y annexés, le tout certifié conforme par les autorités compétentes. Il gardera en sa possession une troisième expédition des titres et des plans pour être déposée aux archives de Sniderton, lors de l'établissement de la direction sur ce point. Il veillera aussi, à ce que les ouvriers qui auront accompagné la Commission soient occupés aussitôt que le choix des terres aura été déterminé, et que les titres de propriété auront été définitivement régularisés. En attendant l'arrivée des premiers Colons, il fera tout ce qui sera en lui pour préparer leur réception à Galveston et leur transport *immédiat* à Sniderton.

Du Géologue-Géomètre.

11. Le géologue devra commencer la mission particulière qui se rattache à sa spécialité, par examiner, avec le soin le plus scrupuleux, tous les terrains situés dans les localités que la Commission doit parcourir; il prendra une note exacte des ressources et avantages de chacun des points qui lui paraîtront favorables et qui réuniront d'ailleurs, autant que possible, les conditions générales plus haut exprimées; de telle sorte que le choix ne sera définitivement fixé, qu'après avoir pesé et mûrement comparé les avantages et les inconvéniens de chaque localité.—L'attention du géologue devra se porter, non seulement sur la fertilité des terres, mais aussi, sur les richesses intérieures. Il devra, en conséquence, constater l'existence des carrières de pierre à bâtir ou calcaire, de sable, et des mines de toute nature que le sol pourrait renfermer; il devra constater aussi, s'il existe des terres propres à la fabrication de la brique et des tuiles. Ces avantages, joints à ceux de la fertilité, de la salubrité et de la situation, doivent entrer en ligne de compte, pour la fixation définitive des terres. Rien n'empêche d'ailleurs que les cent mille acres ne soient divisés en plusieurs lots.—Il n'en est pas de même des cinquante mille acres destinés aux Colons capitalistes qui doivent être réunis sur le même point, autant que possible.

12. Le géologue tiendra aussi note de tous les terrains qu'il trouvera en vente, dans son voyage d'examen, afin que la Société soit fixée sur leur qualité et leur situation, lorsqu'il y aura lieu pour elle d'acquérir de nouvelles terres, par spéculation progressive.

13. Le choix des terres de la Compagnie opéré, le géologue s'occupera immédiatement d'en dresser le plan exact et détaillé ; il les divisera par lots de *mille acres* chacun, lesquels seront subdivisés en dix lots égaux de *cent acres*, étendue qui doit être attribuée à chacune des décuries d'agriculteurs.—Il aura le soin d'indiquer, sur son plan, la nature des produits qui conviennent le plus à chaque terrain ; il y précisera aussi les points sur lesquels se trouvent les carrières ou les mines, s'il y en existe, et il les laissera en dehors de la dernière subdivision, afin d'en faciliter l'exploitation à la Compagnie, lorsqu'elle le jugera utile. Ce plan, fait triple, sera remis au président de la Commission.

14. Le géologue dressera aussi le plan des terrains appartenant à l'État et qui avoisineront ceux choisis, jusqu'à concurrence de *cent mille autres acres*, si le gouvernement s'en est interdit la disposition, pendant *cinq ans*, et s'il a contracté l'obligation de les aliéner, pendant ce terme, en faveur de la Compagnie, au prix porté dans l'engagement Hamilton.

15. Enfin, ces travaux terminés, le géologue dressera le plan des cinquante mille acres qui, en dehors des terres dont il vient d'être parlé, sont destinés à être livrés en partie aux Colons capitalistes et divisés par lots de cent et de cinquante acres chacun.

Tous ces plans doivent réunir toutes les conditions de celui des cent mille acres et être faits en autant de doubles.

De l'Architecture.

1°. Du moment où les terrains appartenant à la Compagnie auront été déterminés, l'architecte s'occupera de fixer le point où doit être fondée la ville de Sniderton, en choisissant le lieu le plus salubre et le plus favorable à la fois aux transactions commerciales.—Il modifiera ses plans, selon les exigences du climat et des localités; il formera, sur le terrain, le tracé de la ville; il fera faire aux ouvriers qu'il aura sous ses ordres et qui auront accompagné la Commission, tous les travaux possibles, pour la construction des premières maisons, de telle sorte que, lors de leur arrivée, les Colons et ouvriers qui feront partie du premier convoi, trouvent sur les lieux mêmes un abri provisoire, autre que des tentes.

17. L'architecte se conformera, d'ailleurs, dans tous les travaux préparatoires aux plans qui sont annexés au présent, et qui déterminent avec détail l'étendue et la division de chaque ville, ainsi que sa composition, de telle sorte que tous ces travaux préparatoires contribuent à l'utilité de la construction générale et définitive de la ville.

Des Ouvriers adjoints à la Commission.

Les ouvriers qui accompagneront la Commission seront, autant que possible :
Quatre charpentiers,
Quatre scieurs de long,
Deux maçons,

Deux chaufourniers,

Quatre forgerons-serruriers,

Un boulanger,

Un officier de santé avec une petite pharmacie provisoire.

Tous ces ouvriers seront choisis d'après les instructions contenues au chapitre suivant, et chacun d'eux aura les droits déterminés au même chapitre.

TITRE II.

Composition et Organisation du personnel.

Des Colons et des Ouvriers.

19. Indépendamment du directeur et des employés, le personnel de chaque établissement de la Compagnie se composera de Colons agriculteurs et ouvriers de tout métier, présidés par des décurions et centurions, dirigés par un chef de culture et par un architecte. Tout individu qui voudra faire partie de la colonie, en qualité d'agriculteur ou d'ouvrier de métier, sera tenu de se faire inscrire aux bureaux de la direction générale à Paris, ou dans les bureaux établis à cet effet dans les diverses villes de province ou de l'étranger. Il devra produire, lors de sa demande d'inscription :

1° Son extrait de naissance ;

2° Un certificat de bonne vie et mœurs, qui contiendra, en outre, la déclaration qu'il n'a jamais subi de condamnation criminelle ou correctionnelle, et s'il en a subi, la cause pour laquelle il a été condamné ;

3° Un second certificat (si celui qui précède n'en justifie pas) constatant qu'il exerce réellement tel métier.

20. Si celui qui demande son inscription est un chef de famille et qu'il veuille faire inscrire sa femme et ses enfans, il produira aussi leur extrait de naissance et le certificat justificatif de leur métier, s'ils en ont un. L'acte de mariage pourra remplacer l'extrait de naissance du mari et de la femme.

21. Les Colons seront divisés en trois classes ou catégories, selon les garanties pécuniaires qu'ils pourront fournir à la Compagnie.

La première classe, désignée sous le nom de *Colons capitalistes*, comprendra les Colons qui pourront compter à la Compagnie une somme de *quinze cents francs*, en justifiant qu'ils sont encore possesseurs de 200 francs au moins, et qui pourront déposer de plus 360 fr. par chaque personne qu'ils voudront amener avec eux, et 180 fr. pour les enfans au-dessous de douze ans.

La seconde classe, qui est celle des *Colons intéressés*, comprendra ceux qui pourront verser, *à titre de garantie*, une somme de *cinq cents francs*. Nul ne pourra faire partie de cette classe avec une somme moindre, à moins qu'une décurie qui posséderait un quart de titre, ne consentît à le recevoir dans son sein, malgré l'insuffisance de sa mise.

La troisième classe comprendra les *Colons partiaires*. Ceux-ci devront verser, au même titre de garantie, une somme de 250 fr.

22. En conséquence, chaque Colon devra préciser, en demandant son inscription, la somme qu'il s'oblige de verser en espèces, dans la caisse de la Compagnie, avant son départ, afin de déterminer la classe dont il doit faire partie et les droits et obligations qui le concernent (V. tit. 3). Si, après l'examen de ses pièces, le postulant est admis dans une des trois catégories ci-dessus établies, il signera le contrat d'engagement spécial à sa catégorie, pour cinq, dix ou quinze ans, à son choix, et pour garantie de l'exécution de ses engagemens, il comptera, au moment de la signature, une somme de dix pour cent qui sera imputable sur celle qu'il doit verser avant son départ, ou qui restera à la Compagnie, à titre de dommages-intérêts, s'il ne se présente pas pour partir, sur l'avis qui lui en sera donné au moins quinze jours à l'avance. — Une pareille somme de dix pour cent sera versée, au même titre, par chacune des personnes inscrites, ou en leur nom ; les enfans au-dessous de douze ans sont seuls exceptés de ce versement. — Ces versemens seront faits, soit chez un banquier, ou à la Compagnie, à la volonté du déposant.

23. Les Colons des deux dernières catégories choisiront parmi eux, après s'être formés en décuries, leurs chefs respectifs, à savoir: un *décurion* par dix ouvriers ou travailleurs. Il feront connaître ces chefs au bureau de la Compagnie, lors du versement de leur cautionnement, qui sera effectué immédiatement avant leur départ ; ils seront sous les ordres de ces décurions, pendant la traversée : ceux-ci exerceront, pendant toute la traversée, et jusqu'à leur arrivée à Sniderton, toute la surveillance possible sur leurs décuries respectives, pour y maintenir l'ordre et la discipline.

24. Le premier envoi de Colons sera composé, *en majeure partie*, d'ouvriers constructeurs; les agaiculteurs le complèteront.—Le premier navire partira du port du Hâvre avec *deux cents Colons;* ils portera les instrumens, outils, ustensiles, bagages, provisions et marchandises nécessaires, appartenant tant aux Colons qu'à la Compagnie. — Les convois subséquens partiront, selon les circonstances, de ce même port, ou de tout autre qui, par sa position, serait plus rapproché du point de départ des Colons, soit que ces ports soient situés en France ou à l'étranger.

25. Chaque *décurie* d'agriculteurs appartenant à la *seconde catégorie* indiquée au *titre* 2, devra posséder un quart de titre de garantie. Ce quart de titre appartiendra à chacune de ces décuries, au moyen du versement que chacun des Colons aura opéré, avant son départ, dans la caisse centrale de la Compagnie ou dans ses bureaux, de la somme de *cinq cents francs*, total *cinq mille francs* par *décurie* ou un quart de titre.—Ce quart de titre sera délivré à la décurie, d'après son *numéro d'ordre*; au dos de cette pièce seront inscrits les noms des dix Colons composant la décurie, et la quotité de la mise de chacn d'eux. —Ces titres jouiront, pendant l'engagement de la décurie, des mêmes avantages que les autres titres, *pour les intérêts et les dividendes seulement.* Ils resteront en dépôt, sur récepissé, à la direction générale, pour servir de garantie aux obligations de la décurie vis-à-vis de la Compagnie, et à l'expiration de l'engagement de la décurie, ces 5,000 fr. seront remboursés.

26. Tous les membres composant une décurie,

le décurion y compris, seront respectivement solidaires les uns des autres, vis-à-vis de la Compagnie, pour tous les faits, actes et obligations appréciables et réparables par des dommages-intérêts ; de telle sorte que la décurie, corps moral. répondra à la Compagnie du fait et des engagemens de chacun de ses membres, et que chaque membre lui répondra aussi pour le tout, du fait de la décurie dont il fait partie.

27. Si un ou plusieurs Colons venaient à déserter, pour quelque cause que ce fût, les fonds par lui ou par eux versés, à titre de cautionnement ou de garantie, les intérêts et dividendes en provenant, de même que leur part des récoltes, en nature ou en argent, seraient perdus, et le tout acquis *à la décurie*, à laquelle le déserteur appartenait, sauf à elle à remplacer, dans le plus bref délai, les membres manquans, et à faire leurs travaux, jusqu'au remplacement ; le terme de trois mois expiré, depuis la désertion, sans remplacement par la décurie, la Compagnie pourvoira à ce remplacement, aux frais, périls et risques de la décurie, lesquels frais seront prélevés, soit sur le quart de titre lui appartenant, soit sur sa part réalisée des récoltes.

28. Les décuries appartenant à la troisième catégorie de Colons, n'auront aucune part de titre ; les 2,500 f. versés par les membres qui les composeront étant insuffisans pour les débours nécessaires, ces décuries seront soumises aux mêmes règles que celles de la deuxième classe, qui leur demeurent entièrement applicables pour tout ce qui n'est pas relatif à ce quart de titre ; ainsi, même solidarité même responsabilité de leur part, sauf que cette

dernière ne reposera que sur les récoltes.—La Compagnie leur tiendra compte de l'intérêt à six pour cent seulement, des sommes qu'ils auront versées et dont ils se trouveraient créanciers par compte courant.

Des Décurions.

29. Les décurions seront pris dans chaque décurie, et nommés par les Colons qui la composeront ; ce choix sera soumis à l'approbation du chef de culture d'abord, ou de l'architecte, et ensuite à celle du fondateur ou du directeur qui le remplacera sur les lieux.

30. Les fonctions des décurions dureront une année, ils pourront être réélus. Si de graves motifs de plainte s'élèvent contre un décurion, la direction pourra le destituer et il rentrera dans la classe des simples travailleurs de sa décurie. Cette destitution ne pourra être prononcée, qu'après avoir pris l'avis du centurion, du chef de culture ou de l'architecte; au cas de partage d'opinions la voix du directeur sera prépondérante.

31. Le décurion représentera la décurie dont il sera le chef, activement et passivement vis-à-vis de la Compagnie; il souscrira, en conséquence, pour le compte de sa décurie, toutes les reconnaissances des avances et fournitures de toute espèce faites par la Compagnie à sa décurie, et les membres qui la composent devront accepter et reconnaître, comme exacts et les obligeant personnellement, tous les engagemens de leur décurion envers la Compagnie, ainsi que ses reconnaissances, comme émanant de leur mandataire général et spécial.

32. Le décurion sera chargé de faire toutes demandes, et d'adresser toutes réclamations de sa décurie à son chef immédiat, et en appel, devant le directeur.

33. Dans le partage de la moitié des récoltes et produits revenant à chaque décurie, entre ses divers membres, comme il sera dit plus bas, la part du décurion sera égale à celle des autres travailleurs, soit un dixième. — Le décurion, recevra en outre, de la Compagnie, une gratification proportionnelle aux résultats obtenus par sa décurie dans les récoltes; cette gratification sera égale à la part d'un travailleur de sa décurie pour le décurion qui aura produit le plus, et elle ira en décroissant pour les autres décurions, selon que les travaux de leur décurie auront produit des récoltes moindres. — De plus, les cinq décuries qui, par la quantité de leurs produits, se trouveront en tête des autres, recevront aussi une gratification qui sera déterminée par la direction, selon les circonstances.

Des Centurions.

34. Toutes les industries qui seront assez nombreuses pour réunir *dix décuries* auront un inspecteur nommé *centurion* qui sera nommé par le directeur de Sniderton; ce centurion sera pris, autant que possible, parmi les employés de la Compagnie; ses fonctions consisteront principalement à surveiller la conduite et l'administration du décurion.

35. Les fonctions des centurions seront temporaires, ils seront les chefs immédiats des décurions pour tout ce qui ce concerne la police et l'administration ; et ils leur transmettront les ordres de la direction, du chef de culture ou de l'architecte.

Ils pourront, au besoin, diriger aussi les décurions dans leurs travaux, au cas d'empêchement ou d'absence du chef de culture ou de l'architecte, en suivant leurs instructions, ou pour des cas spéciaux, déterminés par le directeur de l'avis du conseil d'administration. — Ils tiendront les livres auxiliaires des décuries et le contrôle des comptes courans de leurs dix décurions. — Leurs bureaux seront placés auprès de la direction.

Du Chef de culture.

56. Le chef de culture occupera les premiers Colons agriculteurs, dès leur arrivée à Sniderton, aux travaux les plus urgens de culture, en commençant par défricher et labourer les jardins, par les ensemencer de plantes légumineuses et de première nécessité, sauf à s'occuper ensuite des autres terres.

57. Les Colons seront mis en possession des cent acres de terre attribués à chaque décurie et de la maison y correspondant par la voie du sort.

58. Le chef de culture surveillera et dirigera les travaux agricoles de tous les colons agriculteurs de sa ville; c'est lui qui devra préciser l'époque et la nature des travaux, les faire exécuter en temps opportun, faire mettre en pratique les meilleurs procédés connus et les méthodes les plus avantageuses et les plus économiques à la fois; il tiendra un registre où il signalera, jour par jour, les travaux divers des décuries, les dépenses en nature nécessitées par les ensemencemens, plantations, fournitures de toute espèce faites aux décurions pour leurs décuries; ce registre contiendra

aussi, en regard des dépenses, l'état détaillé des résultats et produits obtenus par chaque décurie, dans les diverses espèces de culture. Ce registre servira de contrôle à ceux des décurions et sera soumis tous les mois à la direction qui le confrontera avec les rapports des centurions.

39. Les demandes de semences et autres fournitures formées par les décuries, ne seront reçues et remplies, par la direction, qu'autant qu'elles auront été, au préalable, contresignées par le chef de culture.

40. Le chef de culture et les centurions indiqueront de plus à la direction ceux des décurions et ouvriers qui, par leur conduite, leur zèle et leurs travaux, auront mérité d'être remarqués, et qui se seront rendus dignes, par là, d'une récompense spéciale, donnée à titre d'encouragement et comme signe de satisfaction. Ils indiqueront aussi ceux des Colons qui, par quelque trait de courage, de bienfaisance ou quelque acte de vertu, auront bien mérité de la Compagnie et seront, à ce titre, dignes de récompense ou d'être honorablement mentionnés dans les comptes-rendus annuels aux assemblées générales.

Des Architectes.

41. Un architecte en chef aura sous ses ordres : 1° Deux architectes en second ou adjoins, pour l'aider dans la direction et dans la surveillance des travaux, pour le seconder dans la levée et exécution des plans et devis; — 2° Tous les ouvriers constructeurs, et ce, d'une manière permanente ; 3° Tout ou partie des Colons agriculteurs qui pourront être placés provisoirement sous son autorité,

dans des cas d'urgence et notamment à l'arrivée
des premiers Colons, pour accélérer la construction
des premières habitations indispensable pour les
abriter et approprier les terrains destinés aux
rues et aux places publiques.

42. Lorsqu'il aura fait construire, dans la ville
de Sniderton, un nombre de maisons suffisantes,
pour y loger *douze cents* Colons, et une construction pour la direction et l'administration, il dirigera la moitié de ses travailleurs sur le point qui
aura été choisi pour y construire la seconde ville
qui portera le nom du plus fort associé ; il y ad-
joindra le nombre de manœuvres nécessaires ; un
architecte en second dirigera les travaux de cette
nouvelle ville, en se conformant aux plans et aux
instructions qui lui auront été donnés par l'architecte en chef qui surveillera ces travaux ; il fera ,
pour cet objet, dans cette seconde ville, tous voyages et séjours nécessaires. — Pendant ce temps,
l'autre moitié d'ouvriers continuera les travaux de
Sniderton, jusqu'à ce que cette ville soit définitivement construite. Sniderton terminé, ses ouvriers
passeront à la troisième ville qui portera le nom
de l'associé le plus fort après celui qui aura donné
son nom à la première ville; comme les travaux de la
seconde ville terminés, les ouvriers qui l'auront
construite passeront à la quatrième ville qui
portera également le nom de l'associé qui se trouvera être le troisième par la somme de ses titres.
Il en sera de même, pour la ville qui doit servir de
port de mer, si Galveston n'était pas choisi dans
cet objet; bien entendu que ces villes ne se composeront d'abord que des constructions indispen-
sables, et que ce ne sera que plus tard que les au-

tres travaux seront effectués, à mesure des besoins, et selon leur importance. Ces derniers terminés ou ajournés, on s'occupera de construire, par spéculation, des maisons destinées à être louées ou vendues au profit de la Compagnie, aux étrangers industriels ou autres qui voudront s'établir sur les lieux.

43. L'architecte en chef d'abord, et plus tard, lorsque les ouvriers constructeurs seront divisés, les architectes adjoints rempliront, vis-à-vis des décuries placées sous leurs ordres, les mêmes fonctions que le chef de culture, vis-à-vis des décuries d'agriculteurs; ils auront les **mêmes** droits sur les décurions et les décuries, **et seront soumis** aux mêmes devoirs envers la Compagnie. — Ils arrêteront le compte de chaque décurion qui ne pourra être soldé par la direction, ou porté à l'actif de la décurie, qu'autant qu'il aura été, au préalable, revêtu du visa de l'architecte en chef ou de son adjoint. Si l'architecte réduisait le compte présenté par le décurion, et que ce dernier ne voulût pas se soumettre à cette réduction, la difficulté sera vidée par deux arbitres nommés, l'un par le décurion, l'autre par le directeur; au cas de partage, ces deux arbitres nommeront un tiers arbitre; la sentence arbitrale sera rédigée **sans frais**, au bas du compte produit et réduit par l'architecte; elle sera jointe aux pièces comptables de la direction; cette sentence sera obligatoire pour toutes parties, sans appel ni recours, quel qu'il soit, et sans que les arbitres soient soumis à aucune forme de procédure, ni à l'observation d'aucun délai.

44. La direction aura toujours le droit de suspendre le règlement d'un compte, fût-il visé **par**

l'architecte, d'en discuter le chiffre et de le soumettre à des arbitres nommés comme ceux du paragraphe précédent, pour faire déterminer s'il y a ou non exagération audit compte.

45. L'architecte en chef et les architectes adjoints pourront traiter à forfait avec la Compagnie, pour des constructions de maisons et autres établissemens; mais dans ce cas, ils paieront les ouvriers constructeurs qui n'auront rien à prétendre de la Compagnie.

TITRE III.

Des Obligations que contractent les diverses classes de colons agriculteurs vis-à-vis de la société, et des devoirs de cette dernière envers eux.

Des Colons capitalistes.

46. Le Colon capitaliste appartenant à la première classe, ne contracte d'autre obligation envers la Société que de verser dans la caisse de la Compagnie *quinze cents francs* en espèces, savoir : 1° *cinq cents francs* pour le prix de *cent acres* de terre qui lui seront remises en toute propriété, s'il fait partie des *cent* premiers Colons de cette classe ou catégorie, et de *cinquante acres* s'il fait partie des trois cents derniers Colons de cette classe, qui ne doit en comprendre que *quatre cents*; 2° *cent soixante francs* pour le prix de son passage sur les navires de la Compagnie, et pour sa nourriture pendant la traversée. — Ces *six cent soixante francs* sont acquis à la Société du moment qu'elle a transporté le Colon au Texas, et qu'elle lui a délivré les terres qui deviennent sa propriété. — Les *huit cent quarante francs* restans, de l'emploi des-

quels il sera rendu compte au Colon, sont destinés à l'achat de bestiaux, ustensiles aratoires, et à la nourriture du Colon jusqu'à la première récolte.

47. Il sera délivré en outre gratuitement, à tout Colon capitaliste, un lot de terre sur lequel il prendra l'engagement de construire sa maison; le Colon devra en conséquence prouver à la Compagnie ou à ses agens qu'il est possesseur, indépendamment de son versement, d'une somme de *deux cents francs* au moins, destinée aux frais de construction de sa maison qui doit être construite sur le local qui lui est fourni aussitôt après son arrivée : rien ne s'oppose à ce que chaque Colon capitaliste ne prenne moins de 100 acres de terre; dans ce cas, il ne paiera qu'en proportion du nombre d'acres par lui acquis.

48. Un inspecteur de la Compagnie sera délégué sur les lieux pour fournir aux besoins des Colons et s'assurer de leur exactitude dans la construction des maisons.—Si les facultés du Colon ne lui permettent pas de construire une maison, il devra au moins faire élever un *lochouse* coûtant 80 f. dans ce pays; cela suffit pour mettre le Colon à l'abri de l'intempérie des saisons.

49. Si les 840 fr. pour lesquels le Colon capitaliste a compte ouvert sur les registres de la Compagnie, étaient insuffisans jusqu'à la première récolte, la Compagnie lui avancerait ce qui lui deviendrait nécessaire, pourvu toutefois que le Colon se fût rendu recommandable par sa conduite et par son exactitude à construire sa maison, par son travail.—Ces avances se continueront jusqu'à la première récolte, sur laquelle le Colon sera tenu de s'acquitter en capital et accessoires en-

vers la Compagnie.—Le compte du Colon sera dès lors balancé, et il pourra désormais trouver à la Banque le crédit nécessaire pour mettre en plein rapport le restant de sa vaste propriété et améliorer sa maison de la ville.

50. Les Colons capitalistes adresseront leurs demandes à l'inspecteur qui tiendra leurs comptes, et qui transmettra leurs vœux à la Compagnie.

51. La Compagnie prend l'engagement de faire construire à ses frais, dans la ville où se trouveront réunies les habitations des Colons capitalistes, ville qui portera le nom d'un des principaux sociétaires : 1° une église; 2° une halle; 3° une école; 4° une fontaine; 5° une maison pour son inspecteur et ses autres besoins; 6° plusieurs maisons, destinées à recevoir les étrangers, qui voudront s'établir sur les lieux, ou y devenir propriétaires.

52. Les Colons capitalistes qui voudront amener avec eux d'autres personnes devront déposer pour chacune d'elles 160 fr. coût de leur traversée, et la moitié de cette somme pour les enfans au-dessous de douze ans; ils devront justifier, en outre, qu'ils sont en position de subvenir à la nourriture et à l'entretien de ces personnes, jusqu'à la première récolte, ainsi qu'il est dit au n° 21.

Des Colons intéressés.

53. Chaque Colon intéressé, qui contractera avec la Compagnie, se liera avec elle pour *cinq*, *dix* ou *quinze ans*, à son choix; le contrat d'engagement précisera : 1° Le temps pour lequel le Colon contracte, ainsi que les personnes dont il se porte fort ; 2° sa profession et celle des individus

dont il répond ; 3° l'obligation de sa part d'employer son temps et son industrie dans un intérêt commun, et selon les instructions qui lui seront données, en obéissant à son décurion et aux chefs nommés par la Compagnie ; 4° la mention du versement qu'il aura fait de la somme de 500 fr., y compris les premiers versemens, à titre d'arrhes ; 5° sa soumission personnelle à ce que la décurie dont il fera partie exerce sur ses effets, bagages, et surtout ce qui pourrait lui appartenir, les droits d'un créancier gagiste et privilégié, pour répondre de l'exécution fidèle de ses engagemens susdits ; 6° sa renonciation à rien réclamer pour travaux ou pour sa part de fruits pendans par racines, et même pour sa part dans le quart de titre de garantie appartenant à sa décurie.—Lorsque par suite de sa mauvaise conduite, la Compagnie se trouverait dans la pénible nécessité de le repousser de son sein, dans ce cas extrême, si le Colon est débiteur de la Compagnie, tout ce qui pourrait lui revenir personnellement, deviendra de droit et par le seul fait de son renvoi, la propriété de la décurie dont il ferait partie, quelle que soit la quotité de cet avoir, la décurie étant tenue de le remplacer à ses frais et répondant des actes de chacun de ses membres à la Compagnie, ainsi qu'il est dit n° 28.

54. De son côté, la Compagnie contractera par le même acte l'obligation de faire les avances suivantes : 1° de transporter au Texas chaque Colon, ses effets et bagages, au prix de 160 fr. ; 2° de le nourrir et de le soigner pendant la traversée ; 3° de lui ménager, après son arrivée au port, les facilités que les ressources du pays permettront

d'utiliser pour le diriger sur Sniderton ; 4° de le loger dans cette localité provisoirement d'abord, et définitivement, à mesure que les maisons seront construites ; de livrer *cent acres* de terre à chaque décurie d'agriculteurs ; 6° de fournir les outils aratoires et autres instrumens nécessaires ; 7° de confier à chaque décurie les bestiaux de toute espèce qui seront jugés nécessaires pour la culture ; 8° de subvenir, pour leur compte, à la nourriture de chaque Colon et de sa famille ; en un mot, de faire pour les Colons, selon leur état et leur industrie, tout ce qu'une bonne et loyale direction peut s'imposer, pour que, dans un intérêt commun, la Compagnie et les intérêts particuliers qui s'y rattachent, puissent atteindre dans, le plus bref délai, le degré de prospérité promis par la fertilité de ce riche pays et par la nature de ses produits.

Des Colons simples.

55. Les Colons simples ne sont tenus comme nous l'avons déjà dit n° 21, lettre C, qu'à un versement de 250 fr. pour eux et pour chacune des personnes qu'ils voudront amener, et de 125 fr. pour les enfans au-dessous de douze ans. — Ces 250 fr. de garantie serviront à leur ouvrir un compte courant pour les avances de toute nature que la Compagnie fera aux Colons de cette classe, jusqu'à la première récolte ; ils n'auront, en conséquence, aucun intérêt dans les titres de la Compagnie. A part cela, leurs engagemens vis-à-vis de la Compagnie, et ceux de cette dernière à leur égard, sont exactement les mêmes que ceux des Colons intéressés, et leur droit sur les récoltes et autres produits, entièrement identiques. — Ils rembourse-

ront la Compagnie de ses avances, à leur égard, sur leur part dans les produits et récoltes.

Règles communes aux Colons intéressés et aux colons simples.

56. Chaque décurie d'agriculture de Colons intéressés ou de Colons simples, aura droit à la moitié des produits et récoltes de toute espèce, venues sur les terres cultivées par ses soins, ainsi qu'à la moitié du croît des bestiaux élevés par eux; l'autre moitié appartiendra à la Compagnie.

57. Les Colons intéressés seulement auront droit, en outre, à une part proportionnelle dans les intérêts et dividendes leur revenant, et qui proviendront du quart de titre de garantie appartenant à leurs décuries respectives.

58. Chaque Colon aura de plus la faculté d'entretenir sa basse-cour pour son usage et son bénéfice particulier; il pourra y élever tels animaux domestiques qu'il jugera convenable, pourvu toutefois que ces soins d'intérieur ne portent aucun préjudice aux occupations agricoles qui doivent toujours marcher en première ligne, et qui, sous aucun prétexte, ne sauraient être négligées.

59. Pour ce qui est de la récolte de la soie, chaque Colon sera tenu d'élever des vers, soit dans sa maison, soit dans celle de la décurie, sous l'inspection du décurion qui avisera à ce qu'une quantité de feuilles de mûriers, en rapport avec les vers élevés, soit mise à la disposition de chaque Colon, en temps opportun; chaque décurie recevra à son profit *un franc* par livre de cocons livrée à la Société. Un délégué spécial sera commis pour la réception des cocons.

60. Les femmes des Colons qui auront appris à filer la soie seront payées par la Société pour ce travail.

61. Le partage des produits, récoltes et autres bénéfices, revenant à chaque décurie, demeure étranger à la Compagnie. En principe, il sera effectué par portions égales entre les divers membres composant la décurie. — Les membres des décuries seront libres, d'ailleurs, d'adopter entre eux, à la majorité des voix, tel autre mode de partage qu'ils aviseront, de même qu'ils pourront, selon les circonstances, décider que tel ou tel d'entre eux n'aura droit qu'à une part et portion moindre que celle des autres; mais, dans ce cas, la décision ne sera exécutée qu'après l'approbation de la direction, donnée sur les rapports du décurion, du centurion et du chef de culture; au cas de réclamation de la part de l'un ou de plusieurs des ayant-droit au partage sur son mode ou sur son résultat, il sera statué comme il est dit titre II.

TITRE IV.

Droits et devoirs des Ouvriers constructeurs et autres Ouvriers de métiers et industriels.

Des Ouvriers constructeurs.

62. Comme les Colons agriculteurs, les ouvriers constructeurs seront soumis, soit au versement de *cinq cents francs* chacun, pour que leur décurie possède un quart de titre de garantie, et qu'ils deviennent ainsi eux-mêmes ouvriers intéressés comme les Colons de la deuxième classe, soit au

versement de 250 fr. seulement, ce qui les assimi-
lera aux Colons simples.

63. Tous les *six* mois, les profits revenant à
chaque décurie pour sa moitié dans les bénéfices
provenant des constructions, seront déterminés et
portés au compte de la décurie, déduction faite
des sommes dues par elle à la Compagnie, pour
fourniture et avances de toute nature, telles que
ces dernières résulteront du compte général ouvert à chaque décurie.—La somme dont la décurie sera reconnue créancière, portera intérêt en sa
faveur jusqu'au paiement. — Si la décurie est au
contraire débitrice, sa dette sera soldée dans son
compte du semestre suivant.

64. Si la décurie renferme des ouvriers moins
capables que les autres, ses membres pourront établir entre eux le mode de partage du bénéfice sur
une base inégale, et agir comme il est dit au titre
précédent pour les Colons agriculteurs.

65. Il sera loisible aux ouvriers constructeurs,
après que toutes les constructions de la Compagnie auront été terminées, de traiter avec des
étrangers qui pourront venir s'établir dans les
villes de les Compagnie, pour la construction des
maisons et autres établissemens que ces derniers
voudraient faire élever. Ces ouvriers devront avoir
obtenu, au préalable, l'autorisation de la direction
locale.

Des Ouvriers fabricans et industriels.

66. Les fabricans de toute espèce, mais notamment ceux d'objets de première nécessité, seront
admis par la Compagnie comme les autres Colons;
ils seront soumis à un versement de garantie de

cinq cent ou de deux cents cinquante francs : le premier leur donnera droit à une part des titres de garantie créés ; le second, à un compte ouvert seulement. — Ils seront réunis en décurie, ayant un chef fabricant.— Comme eux, ce chef ou décurion, représentera la décurie vis-à-vis de la Société, contractera tous engagemens, et obligations envers la Compagnie; en un mot, il aura dans sa spécialité les mêmes droits, et sera soumis aux mêmes devoirs que les décurions des Colons agriculteurs. (§ 29, 30, 31, 32 et suiv.)

67. Au-dessus du décurion, la société établira, pour les fabriques, tels chefs qui seront jugés nécessaires et qui dirigeront les décurions dans les travaux de leur décurie.

68. — La Compagnie fera élever les constructions nécessaires à chaque fabrique ou atelier et au logement des fabricans, elle fournira à ces derniers la matière première et les instrumens et ustensiles nécessaires à la fabrication.

69. Tout objet fabriqué sera porté dans les magasins de la Compagnie et remis sur récépissé. Cette dernière en opérera la vente.

70. Tous les six mois on arrêtera le compte de chaque décurie de fabricans ou de chaque spécialité de fabrication dont les membres n'auront pas été assez nombreux pour se constituer en décurie. — Il sera porté au passif de la fabrique les débours et avances de toute nature faits pour elle, et à l'actif, le produit des ventes et l'estimation des existences en magasin ou en état de fabrication. — Ces bénéfices seront partagés par moitié entre la compagnie et la décurie ou réunion de fabricans

qui auront les mêmes droits que les autres Colons, quant à la subdivision à faire entre eux. **V. n° 61.**

71. La part du décurion sera égale à celle des autres travailleurs; il recevra, en outre, de la Compagnie, à titre de gratification, une indemnité qui, selon les résultats, pourra s'élever jusqu'à une somme égale à sa portion , d'après la proportion fixée au § 33.

72. Le chef ou directeur d'une branche de fabrication ou d'industrie sera intéressé au succès de la Société, dans sa branche spéciale , et aura droit à une partie dans les bénéfices qu'elle aura produit; cette part pourra s'élever jusqu'à 25 pour cent des nets bénéfices, dans la portion revenant à la Compagnie.

73. Ce chef ou directeur remplira pour les décuries soumises à son autorité, vis-à-vis de la Compagnie, pour tout ce qui concerne l'administration, la responsabilité et la police , les mêmes devoirs que le chef de culture et il exercera les mêmes droits (v. n. 36 et suivans).

74. S'il présente des garanties jugées suffisantes, il pourra traiter à forfait avec la Compagnie.

TITRE V.

Des Troupeaux de la Compagnie.

75. Indépendamment des bestiaux fournis à chaque Colon, la Compagnie aura, en son particulier, dans chacun de ses principaux établissemens, des troupeaux de toute espèce destinés à l'amélioration des races et au commerce.

76. Cette branche importante d'industrie sera

dirigée par un chef ayant sous ses ordres autant de sous-chefs qu'il y aura de diverses espèces de troupeaux.

Du Chef.

77. Le chef doit avoir des connaissances générales et spéciales à la fois pour toute espèce de bestiaux.

78. Il faut qu'il soit associé de la Compagnie, et le titre représentatif de son intérêt restera déposé à la direction générale, comme garantie de sa gestion, et ne sera restitué qu'après l'apurement de tous ses comptes.

79. Il exercera sur les sous-chefs, sur les décurions et sur les bergers ou autres employés, les mêmes droits que le chef de culture sur les Colons agriculteurs et sera soumis aux mêmes devoirs (v. n. 36 et suiv.).

80. Il aura, en conséquence, la haute direction de tout ce qui est relatif à cette branche d'industrie et, par suite, c'est sur lui que pèsera la responsabilité relativement : 1° A la quantité des bestiaux qui lui auront été confiés par la Compagnie et à leurs produits; 2° A la tonte de la laine; 3° Aux laitages et au beurre au fromage qui devront en provenir.

81. Son siége sera fixé dans la bergerie principale de la Compagnie, et il lui sera assigné un bureau spécial à la direction pour tout ce qui sera relatif à la comptabilité de sa branche d'industrie.

82. Il aura des appointemens fixes, et une indemnité lui sera acquise toutes les fois que les bé-

néfices auront dépassé le chiffre déterminé au bilan.

Des Sous-Chefs ou Décurions.

83. Chaque espèce d'animaux et même chaque division importante, notamment pour les bêtes à laine, sera sous la surveillance d'un sous-chef ou décurion responsable du nombre de bêtes qui lui auront été confiées et de leurs produits. Ce sous-chef rendra un compte exact de sa gestion au chef et formera, par son intermédiaire, toutes demandes et réclamations.

84. Chaque sous-chef sera tenu à un cautionnement de 500 francs au moins. — Ils auront des appointemens fixes, et droit à une gratification, toutes les fois qu'ils auront obtenu des résultats satisfaisans.

Des Gardiens des Troupeaux.

85. Les gardiens des troupeaux devront, autant que possible, fournir un cautionnement à la Compagnie; ils seront placés sous l'autorité immédiate des sous-chefs et obligés d'exécuter toutes leurs prescriptions. — Ils auront des appointemens fixes et droit à une gratification motivée sur leur zèle et sur leur bonne conduite. — Ils ne pourront, en aucun cas, pas plus que leurs chefs, exercer aucune industrie ni se livrer à aucune spéculation étrangère.

TITRE VI.

Dispositions générales.

Du renvoi des Colons.

86. Le renvoi de tout individu attaché à la Compagnie ne pourra avoir lieu que pour crime, délit, inconduite notoire ou infraction grave. Ce renvoi devra être provoqué par le décurion ou tout autre chef. Il ne pourra être prononcé qu'après vérification et en vertu d'une délibération prise entre le directeur et le chef spécial de la branche d'industrie ou d'agriculture dont l'individu faisait partie; cette délibération motivée sera inscrite sur un registre *ad hoc* et affichée dans chaque établissement principal de la Compagnie, l'individu expulsé ne pourra, sous aucun prétexte, être admis, par qui que ce soit, sur les possessions de ladite Compagnie.

De l'Instruction.

87. La Compagnie entretiendra, à ses frais, dans chacune de ses villes, une école primaire destinée aux enfans au-dessous de dix ans; l'on y enseignera notamment les principes religieux, la langue française et anglaise, des élémens d'agriculture, d'art vétérinaire et de dessin linéaire.

88. Les adultes qui voudront augmenter leur instruction pourront s'y réunir les jours fériés.

89. Les chefs de chaque branche d'industrie pourront y ouvrir des cours pour leurs subordonnés.

Du Culte.

90. Chacun pourra professer sa religion avec une égale liberté.

91. La Compagnie érigera d'abord, dans chacune de ses villes, une église catholique apostolique romaine et y fixera un ministre de ce culte.

Des Mesures de santé.

92. Il y aura, dans chaque ville, un médecin-chirurgien et un pharmacien; plus tard, la Compagnie construira un hôpital pour les deux sexes.